AF498965

13 mars 1877

P

CATALOGUE

DE

TABLEAUX MODERNES

FORMANT UNE PARTIE

DE LA

COLLECTION

DE

M. LE BARON J. DE H*** [Hauff]

DE BRUXELLES

VENTE HOTEL DROUOT, SALLE N° 8

Le Mardi 13 Mars 1877

COMMISSAIRE-PRISEUR	EXPERT
Mᵉ CHARLES PILLET	M. FRANCIS PETIT
10, rue de la Grange-Batelière.	7, rue Saint-Georges.

CATALOGUE

DE

TABLEAUX MODERNES

FORMANT UNE PARTIE

DE LA

COLLECTION

DE M. LE BARON J. DE H***

DE BRUXELLES

DONT LA VENTE AURA LIEU

HOTEL DROUOT, SALLE N° 8

Le Mardi 13 Mars 1877

à deux heures précises.

EXPOSITIONS :

PARTICULIÈRE : Le Dimanche 11 Mars 1877

PUBLIQUE : Le Lundi 12 Mars 1877

De 1 heure à 5 heures.

COMMISSAIRE-PRISEUR
Me CHARLES PILLET
10, rue de la Grange-Batelière.

EXPERT
M. FRANCIS PETIT
7, rue Saint-Georges.

CONDITIONS DE LA VENTE

Elle sera faite au comptant.

Les acquéreurs payeront *cinq pour cent* en sus des adjudications.

Paris. — Typ. PILLET et DUMOULIN, 5, rue des Grands-Augustins.

A M. FRANCIS PETIT

MON CHER AMI,

Avec votre grand sens pratique des choses de l'art, vous m'avez, un jour, fait une remarque dont la justesse m'a frappé. — N'est-il pas vrai, me disiez-vous, que la seule assiduité à nos ventes publiques suffirait à former, et cela en fort peu de temps, une éducation complète de critique? Qu'est-ce en somme que l'hôtel Drouot, sinon l'exposition idéale, à la fois musée, salon et galerie? Pas une école, pas un maître, ancien ou moderne, n'échappe au marteau d'ivoire. Tout arrive là, et tout en part. Le premier venu entre à l'hôtel, il parcourt nos exhibitions, il regarde, il compare, il étudie, il prend tranquillement ses notes s'il en veut prendre, et tout cela comme au Louvre ou au Luxembourg, avec la même liberté. Nous lui déroulons, pièce à pièce, tous les documents de l'histoire générale de l'art, et de l'art universel, depuis Raphaël, Rembrandt et Velasquez, jusqu'à Delacroix, Ingres et Meissonier. Trouvez donc dans l'organisation actuelle de la société un système plus favorable que celui-là à l'instruction publique et d'un libéralisme plus efficace.

Votre réflexion ne me sortit pas de l'esprit, si bien que je finis par me l'approprier tout à fait, et que je vous proposai, dans une de nos causeries familières, de la mettre en pratique. Voulez-vous me permettre, vous dis-je, d'étudier vos ventes dans le catalogue comme j'étudie les expositions publiques dans le journal, avec la même franchise et la même sincérité? En un mot, voulez-vous me laisser entrer en communication intellectuelle avec le public amateur et connaisseur dont vous disposez? Une collection de catalogues, écrits dans cette donnée de liberté responsable, peut être tout simplement l'encyclopédie manuelle de la peinture du XIXe siècle. Et puis il ne laissera pas d'être intéressant peut-être, de voir, d'après des résultats immédiats, dans quelle mesure mes arrêts sont en retard ou en avance sur l'opinion, et de mettre pour la première fois en comparaison l'esthétique et l'estimation mobilière.

De là, cette étude critique dans le sens absolu du mot, et qui sera suivie, je l'espère, de beaucoup d'autres semblables.

La collection de M. le baron de H*** se compose de quarante-neuf tableaux de maîtres modernes. Le choix d'abord en est aussi distingué qu'il est possible, par ce temps de production surmenée et chauffée à blanc. Je n'y vois pas une toile mauvaise, et les médiocres se perdent dans l'ensemble. De celles-là, je ne vous parlerai point, le silence étant l'opinion des gens bien élevés. Toutefois, il en est sur le nombre de fort estimables que je serai forcé de négliger, contre mon gré, mais parce qu'une étude littéraire a son cadre, comme un tableau.

Si le silence est une opinion, le désir est un critérium, et il y a dans la collection de M. le baron de H*** trois toiles, hors de pair, que très-franchement j'aimerais à posséder. D'abord le *Gentilhomme* de Meissonier. Il m'est revenu qu'on ne me pardonne pas en Hollande d'avoir préféré Meissonier à Miéris, à Metzu et même à Terburg. Que je voudrais tenir ici un de mes détracteurs et le placer devant ce *Gentilhomme!* Indiquez-moi charitablement, lui dirais-je, lequel de vos maîtres eut jamais cette largeur dans la précision, cette ampleur de la touche dans le détail spirituel, et coloris plus opulent! L'homme qui, dans des proportions lilliputiennes, peint avec la fougue et la somptuosité d'un Titien portraitiste ou d'un Véronèse, peut défier votre Terburg, j'imagine. Mais il n'y a là encore qu'une question de praticien, et notre Meissonier n'est pas qu'un prestigieux exécutant N'appréciez-vous pas l'entente du caractère (voilà un don génial), qui date, qui nomme presque par son nom et individualise ce contemporain anonyme de Louis XIII? Il y a des attitudes, des physionomies particulières à un siècle, comme il y a des costumes du temps. Mais il faut posséder fièrement le sens de la physiologie historique pour faire tenir ainsi toute une époque dans une figure de fantaisie. Ce *Gentilhomme* évoque en moi l'histoire entière de cette noblesse frondeuse que le cardinal rouge eut tant de peine à mater, je placerais vingt noms sur ce visage hautain, sur cette allure cavalière et bretteuse, sur ce riche costume de courtisan où respire, en un corps d'acier, l'âme orgueilleuse d'un ligueur. Ce qui n'empêche que Terburg n'ait pas de plus grand admirateur que moi, je vous prie de le croire.

Vous le savez, je suis resté longtemps sans rendre les armes au génie de François Millet. Était-ce résultat d'une éducation artistique toute d'atelier, ou retard de maturité dans le goût, je ne m'en rends plus compte. Aujourd'hui, je suis conquis, et probablement sans retour, à cette force simple et saine. Je ne dois cette initiation qu'à une conversion énergique aux principes du vrai, qui est le beau éternel. Oui, pour Millet, comme pour les maîtres originaires, l'art de peindre est surtout celui d'exprimer le plus clairement possible une forte vision de nature, des scènes d'idylle héroïque, des recherches de style agreste. Dans le *Chant du sol,* Millet est presque épique ; il procède comme Hésiode, le poëte des mois et des jours, le rapsode de l'agriculture, cet art dont la mythologie avait fait une religion naturelle et auguste. Un tableau de Millet dans une maison moderne ouvre à travers cette maison un vaste pan de ciel, une échappée d'azur. Il y fait entrer la robuste senteur de la terre remuée, l'haleine profonde de l'étendue, l'air âcre et vivace qui dilate les poumons, et toutes les rumeurs de la campagne. A qui ne donnerait-elle pas la nostalgie de la villégiature, cette plaine développée jusqu'à l'horizon, gonflée de vie végétative, oppressée des baisers irreposés du soleil ! Silencieuse et grave, biblique même, la femme sème la pomme de terre, la vulgaire pomme de terre, comme Cerès sème le grain du froment, et son mari rejette la terre brune sur la semence. Savent-ils qu'ils accomplissent un labeur sacré et qu'ils proposent à la nature son plus vénérable mystère ? Non, ils travaillent simplement, et leur noblesse est inconsciente. Quel hymne ils chantent cependant à la terre de France ! Quel magnificat solennel à sa fécondité bénie ! L'enfant, espoir et fruit de leur force rustique, dort dans un panier d'osier, près de l'âne, fidèle compagnon, qui prend le frais à l'ombre des grands arbres.

Certes, je n'osais rêver le pendant d'une telle œuvre, surtout dans une collection de cinquante toiles à peine. Je l'y ai trouvée cependant, et cela sous la signature de Constant Troyon. La palette de Troyon est moins austère que celle de Millet. Elle arrive à des résultats équivalents par des moyens moins sobres de facture. Le peintre ici maintient contre le penseur ses droits à la virtuosité. Il s'abandonne au plaisir de la belle pâte abondante, artistement ouvragée, toute retentissante d'accents sous la brosse. Il est meilleur ouvrier et aussi bon portraitiste de la nature. Troyon est assez rare dans nos musées, mon cher ami, et voilà qui donne raison à votre observation : il faut suivre les ventes pour le connaître, c'est là qu'il se manifeste dans sa plénitude multiple, comparable à celle de Albert Cuyp, qui n'est que son égal. Encore y a-t-il en plus dans le maître français une chaleur de coloris qui atteste d'une émotion ardente, plus rare chez le grand Néerlandais. Ah ça ! mais je n'oserai plus aller en Hollande ! A moins que je ne m'y rende, portant devant moi, ce tableau du *Chien de berger* par exemple et que je ne m'en serve comme d'égide *Oculos habent et videbunt !*

Voilà, cher ami, les trois œuvres supérieures de la collection. Sur celles-là la plus sévère férule ne saurait mordre. Mais un peu au-dessous, presque au premier rang encore, je place *la Provende des Poules* du même Troyon, C'est une étude d'un ragoût merveilleux de brosse. Ces choses-là s'exécutent un jour de bonheur, sous l'influence de la bonne étoile, quand on se sent le corps dispos et l'âme fraîche, et qu'on est un maître. *La Plage normande* est d'une veine moins impétueuse, mais sa vérité d'impression, la solide construction de ses terrains et de son ciel, sont encore des qualités à opposer à celles de Cuyp. — François Millet ne veut rien laisser à son émule, et voici sous le n° 27 une toile d'un effet crâne et décidé, c'est *la Récolte des pommes de terre* : elle complète le poëme agronomique de la parmentière, dont Virgile eût fait une bucolique. La silhouette des cueilleurs profilée, noire sur les pourpres du couchant, est une de ces mises en scène simples et remuantes dont l'artiste avait le secret, et pour lesquelles il faisait poser la nature.

Ne quittons pas nos maîtres paysagistes : épuisons notre plaisir. La rare et caressante chose qu'un beau Corot ! Celui-ci en est un, certainement. J'ai prolongé ma station devant ce *Grand Etang de Ville-d'Avray*, et je reste encore pénétré de son charme, comme on l'est de la rosée d'aurore. Ce fut une ame pure et blanche que celle qui sut refléter ainsi les aspects élyséens de la création. Mais au point de vue technique de l'étude des valeurs et de leurs corrélations, l'œuvre est un document aussi. La maison que l'on aperçoit au fond, maison désormais historique, est celle que Corot avait acquise du poete Estienne et qui est échue aujourd'hui à l'éditeur Alphonse Lemerre.

Je fais plus de cas, vous ne l'ignorez point, de Diaz paysagiste que de Diaz figuriste. A Fontainebleau, il est seigneur et grand seigneur ! Ce *Carrefour de forêt* peut passer pour une des plus généreuses largesses que nous ait octroyées ce millionnaire du ton. J'avoue que si quelque chose pouvait désarmer ma férocité contre les orientales du peintre, ce serait l'odalisque de cette collection : elle m'éblouit d'émeraudes et de rubis, et mes yeux ne sont pas dessillés qu'elle a déjà disparu, ne me laissant que l'étincellement de son apparition. — Le bon ciseleur de pâte, à l'idéal tourmenté et puissant, nommé Jules Dupré, a ici deux études, un paysage et une marine. Le paysage est fin et solide; la marine m'a semblé superbe. Le problème était celui-ci : faire tenir tout un drame d'orage en un cadre de 30 centimètres. Le ciel et la mer en furie font vibrer, comme des flagellations d'éclairs, toute la gamme de la couleur. Le vent hurle et la vague mugit. Dieu soit en aide au petit bateau pilote!

Ce tableau de Decamps est avant tout une étude de mur blanc, rongé par le soleil incandescent. Le blanc de Decamps est resté longtemps le désespoir des ateliers. On en admire encore le tour de force sur cette maison de l'Asie Mineure. Je lui préfère toutefois *l'École turque*. Vous avez fait graver pour nous en conserver le souvenir, cette aimable production. Mais quelle pointe d'eau-fortiste pouvait transposer également les profondeurs vibrantes de son clair-obscur? La petite négrillonne qui rit dans l'ombre et montre ses dents d'ivoire dans son visage de bronze vert, ce groupe des blondins dont la chevelure accroche la lumière du premier plan, tout cela est intraduisible, il faut bien le dire, même au descripteur.

Ingres, Delaroche, Robert-Fleury et M. Gallait. Quoiqu'on en ait, de tels noms vous arrêtent toujours. Ils projettent sur une galerie privée un rayon de ce prestige dont le Musée les auréole. — Si Ingres n'est représenté dans celle-ci que par une étude, assez abstraite, de style, Delaroche y figuré par l'esquisse d'une importante composition, le sacre de Charlemagne, destinée au Musée historique de Versailles.

L'ordonnance en est fastueuse, pleine d'apparat et mouvementée. Le groupe tumultueux des sonneurs de conques qui descend pêle-mêle les degrés de l'escalier, à droite de l'autel, est d'une heureuse trouvaille décorative, et l'ensemble forme la pyramide selon les lois du bas-relief monumental. Je ne reproche à ce projet qu'un peu de confusion, l'indécision de l'assiette, si vous voulez; encore l'exécution l'eût-elle élucidée probablement.

M. Gallait a mérité d'être appelé le Delaroche de la Belgique; mais dans sa *Dalila*, il en est surtout le Léon Cogniet. Le savant artiste a rendu avec une clarté dramatique et non sans éloquence les premiers remords qu'inspire à la courtisane la conscience de sa trahison. — Le sujet traité par Robert-Fleury était bien choisi pour plaire à l'imagination d'un peintre de sa trempe. Le jeune Rembrandt apporte ses premiers essais à un amateur d'Amsterdam et il les soumet à sa compétence. L'habitude du tableau d'histoire laisse toujours à la main comme à l'esprit d'un maître le pli ineffaçable du style. Dans la grâce, Robert-Fleury est encore austère, et ce tableau de chevalet dépasse en moi le plaisir des yeux et cherche ma pensée. L'angoisse du jeune Rembrandt, la stupéfaction de l'amateur, confinent à l'émotion dramatique. La scène est touchée respectueusement, presque célébrée, et sous l'enfant précoce, Robert-Fleury devine déjà l'auteur de la *Ronde de nuit*.

De Robert-Fleury à Gustave Moreau je ne chercherais de transition que dans la loi des contrastes. Encore une peinture rare et précieuse, mais surtout à l'hôtel Drouot, *celui-là!* Qu'on pense ce que l'on voudra du curieux talent de l'auteur du *Sphinx*, je défie bien qu'on l'accuse de banalité et voilà une *Sapho* telle qu'on n'en voit pas tous les jours. J'en ai surtout admiré les mains, qui sont exquises de forme et de mouvement, mains de grecque et de poétesse : à leur vénusté blanche on reconnait une fille d'Aphrodite, mieux faite à caresser la harpe qu'à filer la quenouille.

Que d'œuvres encore, mon cher ami, ne devrais-je pas passer en revue, et quel plus vif plaisir y a-t-il au monde que de regarder de la peinture! L'appétit vient en mangeant, et le mot est en situation devant un *Saint-Jean*. Ces *Fruits* et ce *Gibier* nous avaient déjà une fois mis l'eau à la bouche, quand ils passèrent à la vente San-Donato, vous en avez gardé comme moi la saveur sur les lèvres. — Le *Repos* de Fromentin n'est pas sans doute une des études capitales du maître, mais c'est une toile charmante. Assises au bord du Nil, des Egyptiennes écoutent, dans la sérénité du soir, chanter les cigales. — Entre vos deux Willems, celui que je choisirais est *le Petit Protégé* : il contient des satins excellents, souples et lumineux. J'ai noté encore un fin morceau de M. Vetter (n° 44) et une pochade alerte et colorée de M. Isabey qui semble inspirée d'une carrossée de Van der Meulen.

Je termine par *le Dîner officiel*, un vrai tableau de salon. et tableau à succès, poussé, soigné, châtié et mené aux dernières limites du rendu. Si Vautier n'a pas le sens pittoresque et la touche grasse de Knauss, il est peut-être plus fin observateur. Il saisit à miracle les gens importants, les visages bouffis de vanité, les carrures grotesquement solennelles des fonctionnaires de village et des Nicolas de clocher. Son talent comporte une philosophie matoise qui est à lui. *Le Dîner officiel* est une des meilleures compositions que j'aie vues sous sa signature. Il y a semé l'humour à pleines mains et chaque détail, pris isolément, est un trait de caractère. L'excellente gravure que vous donnez de l'œuvre remplace avantageusement la description que j'en pourrais tenter, mais elle ne supplée pas à l'éloge que je dois en faire et que j'en fais, bien sincèrement.

EMILE BERGERAT

DÉSIGNATION

BRIAS

1 — *Ménagère flamande.*

Elle suspend à sa fenêtre le gibier qu'elle vient de rapporter du marché.

Haut., 37 cent.; larg., 28 cent.

BRION

2 — *Deux voisins de campagne.*

Haut., 27 cent.; larg., 35 cent.

CHAPLIN

3 — *Jeune femme vêtue de rose assise dans un parc et effeuillant une marguerite.*

Haut., 45 cent.; larg., 31 cent.

CHAVET

4 — *Juive d'Alger.*

Elle est étendue sur un divan devant une galerie ouverte qui domine la mer.

Haut., 49 cent ; larg., 60 cent.

COROT

5 — *Le grand étang de Ville-d'Avray.* 4680

Au premier plan, un pêcheur dans son bateau, puis une vache dans l'eau ; au fond, au milieu des arbres se détache la maison qu'habitait Corot.

Tableau d'une très-belle qualité.

Haut., 44 cent.; larg., 74 cent.

DAUBIGNY

6 — *Les bords de l'Oise.*

Haut., 24 cent.; larg., 44 cent.

DECAMPS

7 — *Ecole turque.*

Il était difficile de traiter cette scène d'enfants à l'école d'une façon plus pittoresque et plus originale, chaque figure a son type particulier, et la coloration générale du tableau est chaude et puissante.

Haut., 38 cent.; larg., 30 cent.

DECAMPS

8 — *Maison au bord de l'eau. Souvenir de l'Asie Mineure.*

Tableau animé de quelques figures.

Haut., 29 cent.; larg., 41 cent.

DELAROCHE

(PAUL)

9 — *Le Sacre de Charlemagne.*

Projet de tableau pour le musée de Versailles, et ayant fait partie de la vente après décès de Paul Delaroche.

Haut., 36 cent.; larg., 49 cent.

DIAZ

10 — *Jeune femme en riche costume oriental.*

Haut., 38 cent. larg., 24 cent.

DIAZ

11 — *Un carrefour dans la forêt de Fontainebleau, effet de soleil.*

Haut., 31 cent.; larg., 42 cent.

DUPRÉ

(JULES)

12 — *Mare près d'un vieux chêne.*

Tableau d'une grande finesse de ton et d'exécution.

Haut., 21 cent.; larg., 27 cent.

DUPRÉ

(JULES)

13 — *Marine, effet d'orage.*

Un bateau-pilote, toutes voiles dehors, est battu par la mer agitée, le ciel et les eaux sont d'une grande puissance de coloration.

Haut., 29 cent.; larg., 28 cent.

FROMENTIN

14 — *Le Repos.*

Des femmes égyptiennes se reposent au bord de l'eau, plusieurs d'entre elles sont couchées à l'ombre de grands arbres.

Effet de soir.

Haut., 32 cent.; larg., 40 cent.

GALLAIT

15 — *Dalila*

/0000

12

Après avoir livré Samson aux Philistins, Dalila est rentrée sous sa tente, pensive et presque anéantie ; une servante soulève une des draperies et regarde au loin partir le prisonnier.

Haut., 1 m. 30 cent.; larg., 1 m. 05 cent.

GUIGNET

(ADRIEN)

16 — *Bateau en promenade sur le Nil.*

Haut., 33 cent.; larg., 47 cent.

GUILLEMIN

17 — *La Prière à l'église, scène du Béarn.*

Haut., 41 cent.; larg., 32 cent.

HEILBUTH

18 — *Les Souvenirs du monde.*

Un moine joue du violon debout appuyé près de l'arcade d'une galerie ouverte sur la campagne; son visage exprime une émotion profonde.

La grande simplicité de composition de ce tableau est dans une parfaite harmonie avec son sujet.

Haut., 65 cent.; larg., 46 cent.

INGRES

19 — *Figure de saint Pierre.*

Haut., 32 cent.; larg., 24 cent

ISABEY

20 — *Une fête navale.*

Des seigneurs et des dames de l'époque de Louis XIV sont groupés sur une falaise au bord de la mer et regardent au loin un simulacre de combat naval.

Au premier plan, un carrosse et des chevaux de selle.

Haut., 44 cent.; larg., 61 cent.

ISRAELS

21 — *L'Attente.*

La femme d'un pêcheur hollandais, assise au bord de la mer, tricote et suit des yeux un bateau qui va rentrer au port.

Haut., 45 cent.; larg., 57 cent.

JONGKIND

22 — *Vue de Paris.*

Le cours de la Seine, la berge du quai de la Tournelle et le chevet de l'église de Notre-Dame.

Haut., 43 cent.; larg., 64 cent.

KLOMBECK & VERBOECKHOVEN

23 — *Paysage, effet d'hiver.*

Le paysage a été peint par Klombeck et les figures et animaux qui animent ce tableau ont été peints par Verboeckhoven.

Haut., 60 cent. larg., 5 cent

LANSYER

24 — *La mer sur les côtes de Bretagne.*

Haut., 1 m. 05 cent.; larg., 55 cent.

MEISSONIER

25 — *Un Gentilhomme.*

On sent en lui un vrai gentilhomme de la cour du roi Henri III. Son costume est de velours grenat, le manteau de même étoffe est relevé sur le bras et laisse voir l'épée, la collerette est blanche, la toque de velours ornée de plumes. Une de ses mains est posée sur la hanche, de l'autre il tient son gant.

Vente Henri Didier.

Haut., 18 cent.; larg., 11 cent.

MILLET

(JEAN-FRANÇOIS)

26 — *Les planteurs de pommes de terre.*

Un paysan le dos courbé, une houe à la main, s'apprête à recouvrir les pommes de terre que sa femme est en train de semer ; au second plan à l'ombre de deux grands arbres, on aperçoit un âne, puis à terre, ses deux paniers dans l'un desquels un petit enfant est couché. La plaine qui s'étend au loin est inondée de lumière.

Ce tableau, l'un des plus complets dans l'œuvre de Millet, ainsi que celui de Troyon, catalogué sous le n° 37, ne faisaient pas partie de la collection de M. le baron J. de H. Ils ont été ajoutés à la vente sur son autorisation.

Haut., 83 cent.; larg., 1 m.

MILLET

(JEAN-FRANÇOIS)

27 — *La récolte des pommes de terre.*

C'est le soir, après une chaude journée; le soleil se couche à l'horizon; un paysan et sa femme chargent sur une brouette le produit de leur récolte.

Tableau superbe de ton.

Haut., 23 cent.; larg., 35 cent.

MILLET

(JEAN-FRANÇOIS)

28 — *Un petit paysan sauve à grand'peine son jeune chien qui est tombé à l'eau.*

Haut., 17 cent ; larg., 31 cent.

MOREAU

(GUSTAVE)

29 — *Sapho, au sommet de la roche de Leucade.*

Haut., 32 cent.; larg., 20 cent.

ROBERT FLEURY

30 — *Episode de la jeunesse de Rembrandt.*

L'artiste, tout jeune encore, montre un de ses premiers tableaux à un amateur hollandais.

Tableau d'une coloration chaude et puissante.

Haut., 69 cent., larg., 55 cent.

ROQUEPLAN .

31 — *Deux jeunes femmes arrêtées à l'entrée d'un bois, cueillent et mangent des fruits.*

Haut., 29 cent.; larg., 22 cent.

ROUSSEAU

(PHILIPPE)

32 — *Chat jouant avec une souris.*

La scène se passe sur une table chargée de livres et de papiers, un encrier a été renversé dans la lutte.

Haut., 73 cent.; larg., 92 cent.

SAINT-JEAN

33 — *Fruits et gibier.*

Des ceps de vigne coupés et chargés de fruits, un melon ouvert, des pêches et du gibier sont déposés à terre auprès d'un tronc d'arbre.

Tableau capital provenant de la collection de San Donato, et catalogué sous le titre « l'*Automne.* »

Haut., 1 m. 25 cent.; larg., 95 cent.

SCHELFHOUT

34 — *Plage de Scheveningue à marée basse.*

Haut., 26 cent.; larg., 39 cent.

STEVENS

(ALFRED)

35 — *Rêverie.*

Une jeune femme regarde un papillon qui vient d'entrer par sa fenêtre.

Figure à mi-corps.

Haut., 35 cent.; larg., 25 cent.

STEVENS

(ALFRED)

36 — *Jeune femme blonde, vêtue de noir, assise dans un fauteuil.*

Figure à mi-corps.

Haut., 25 cent.; larg., 20 cent.

TROYON

37 — *Chien de berger.*

Un chien noir tacheté de blanc, court en aboyant après des vaches dans une prairie, le ciel est orageux, un rayon de soleil éclaire vivement les arbres qui bordent au loin la plaine à l'horizon.

Tableau d'une qualité superbe.

Haut., 85 cent.; larg., 1 m.

TROYON

38 — *La provende des poules.*

Une fermière tient son tablier chargé de grains qu'elle distribue à un essaim de poules qui se précipitent en becquetant sur le sol. Au milieu de la prairie est un puits recouvert de bois. A l'horizon une ligne de jeunes arbres.

L'aspect de ce tableau est d'une vigueur remarquable et d'une grande puissance de ton, il provient de la collection de San Donato.

Haut., 46 cent.; larg., 56 cent.

TROYON

39 — *Plage aux environs de Trouville.*

Un troupeau de vaches et de bœufs chemine dans une prairie qui s'étend presque jusqu'à la mer, et bordée de falaises à l'horizon. Au premier plan un pêcheur et sa femme, puis un jeune chien qui court après les animaux.

Composition d'une grande simplicité et d'une grande vérité.

Haut., 57 cent.; larg., 90 cent.

TOULMOUCHE

40 — *La Curieuse.*

Haut., 61 cent.; larg., 42 cent.

VAN MUYDEN

41 — *Jeune mère allaitant son enfant.*

Costume de la Suisse.

Haut., 28 cent.; larg., 21 cent.

VAUTIER

42 — *Un dîner officiel.*

L'amphitryon a réuni à sa table tous les notables de la ville ; les plus importants ont déjà pris place, les autres attendent leur tour ; les servantes apportent le dîner.

Au fond, derrière une porte vitrée, apparait une foule de curieux.

Composition capitale pleine d'esprit et d'observation.

Haut., 80 cent.; larg., 1 m. 37 cent.

VEYRASSAT

43 — *Chevaux de halage sortant de l'eau.*

Effet de soleil couchant.

Haut., 24 cent.; larg., 42 cent.

VETTER

44 — *Rabelais.*

Haut., 26 cent.; larg., 20 cent

VINCK

45 — *Le Loup devant la bergerie.*

Un soldat belge passe, en frisant sa moustache, devant un lavoir où se trouve une foule de servantes assemblées, toutes les têtes se tournent vers lui.

Haut., 60 cent.; larg., 72 cent.

WILLEMS

46 — *Le Petit protégé.*

Une dame debout, vêtue d'un élégant costume rose et blanc, tient dans ses bras un petit griffon qui gronde après un levrier assis à terre. L'intérieur respire une grande élégance.

Haut., 75 cent., larg., 55 cent.

WILLEMS

47 — *Le Château de cartes.*

Une jeune mère, assise dans un grand fauteuil et faisant de la tapisserie, interrompt son travail pour regarder une petite fille qui construit gravement un château de cartes sur une table qui les sépare.

Intérieur hollandais très-simple et plein de caractère.

Haut., 65 cent.; larg., 53 cent.

WORMS

48 — *Un poëte lisant ses vers.*

Scène de l'époque de l'Empire.

Haut. 40 cent.; larg., 31 cent.

ZIEM

49 — *Danse d'almées au bord du Bosphore.*

On voit au loin la ville de Constantinople.

Haut., 30 cent.; larg. 45 cent.

www.ingramcontent.com/pod-product-compliance
Ingram Content Group UK Ltd.
Pitfield, Milton Keynes, MK11 3LW, UK
UKHW020442180726
13839UKWH00004B/1576